RENÉ CAILLIÉ

UNE HISTOIRE EXTRAORDINAIRE

NIZA

SOUVENIRS D'ÉGYPTE

PARIS

LIBRAIRIE DES SCIENCES PSYCHOLOGIQUES

Rue Neuve-des-Petits-Champs, 5

1878

RENÉ CAILLIÉ

UNE HISTOIRE EXTRAORDINAIRE

NIZA

SOUVENIRS D'ÉGYPTE

PARIS

LIBRAIRIE DES SCIENCES PSYCHOLOGIQUES

Rue Neuve-des-Petits-Champs, 5

1878

A MESDEMOISELLES

Marie et Louise N....

A mes petites sœurs cette pièce dédie ;
  Pour elles seules je la fis.
Elles aiment des vers la douce mélodie.
  Sachant qu'à leur front les ennuis
Étaient venus frapper de leur aile cruelle
  Et la tristesse à leurs chers cœurs,
J'ai, huit grands jours durant, torturé ma cervelle
  Pour y chercher quelques lueurs
De joie et de gaîté. Mais mon âme impuissante
  N'a pu trouver d'accents joyeux.
C'est que ma muse à moi, quand elle rêve ou chante,
  A le son triste et soucieux.
Mais elles verront que pour elles je professe
  Le saint culte de l'amitié,
Et que mon âme enfin, si vient une tristesse,
  Toujours en prendra la moitié.

HISTOIRE DE NIZA

Muse! Vole vers mes amies,
D'elles éloigne le chagrin
Et va joncher d'herbes fleuries
Les vestiges de leur chemin.
Ne vois-tu pas qu'elles sont tristes ?
C'est le moment de l'amitié.
Chasse les sommeils égoïstes;
Porte-leur un peu de gaîté.

Je vais vous raconter, si vous voulez, l'histoire
De la belle Niza. Allez, vous pouvez croire
Que, malgré qu'elle soit dès le premier abord
Invraisemblable un peu, pourtant elle est d'accord
Avec la vérité. Si je mens, que je meure !
Écoutez-moi, je suis celui qui parle et pleure.
Pour que tout soit bien clair, il faut, pour commencer,
Que pour flatter ma muse et me récompenser,
Toutes deux pour Niza fassiez une prière
Et m'assuriez à moi votre amitié sincère.
Rien pour rien en ce monde. Est-ce demander trop?
C'est dit? Voyez, je pars comme un cerf au galop.

Il faut vous dire que j'habitai, dans les sables
De l'Égypte et du Nil, des lieux épouvantables,
Tantôt dans les grands lacs qui s'étendaient au loin,
Tantôt dans les déserts comme un fier bédouin.
Enfin je travaillais à l'œuvre magnifique
Fait en cet endroit où le livre mosaïque
Raconte qu'autrefois passèrent les hébreux,
Fuyant dans le désert et l'Égypte et ses dieux.
Les Français unissaient par un canal immense
Deux mers, et reliaient les Indes à la France.
C'étaient de beaux travaux, travaux cyclopéens,
Et mon nom m'emporta vers ces pays lointains.
J'allai mettre ma pierre à ce colossal œuvre
Où le grand de Lesseps, le sublime manœuvre,
D'un signe de son front commandait à deux mers.
Je fus son pionnier dans les grands Lacs-Amers,
Et suis fier d'avoir eu et l'honneur et la gloire
D'avoir servi sous lui, d'immortelle mémoire.
Je voguai sur le Nil aux eaux rouge de sang,
Visitai les mosquées toutes de marbre blanc.
Je vis montrant l'Almée (1), un peu trop impudique,
Aux sons du Tarabouk sa souplesse magique,
Et les nocturnes joies pendant le Ramadan
De ce peuple endormi qui porte le turban.
Ah ! c'est un beau pays, celui-là, jeunes filles !

----

(1) Les Almées sont des danseuses publiques que les pachas
font venir chez eux pour distraire leur indolence et leurs ennuis.

Vous pouvez pour m'entendre arrêter vos aiguilles.

C'était le Caire où sont des richesses sans nom,

Où dans les rues est l'or comme chez nous le plomb,

Où les femmes sont là du monde les plus belles,

Cachant sous le Bourghoz (1) leurs ardentes prunelles.

En limon du Nil sont construites les maisons,

En un mot, en pisé, comme ici nous disons.

Et partout sont les rues de nattes recouvertes;

Les unes, grands couloirs, presque partout désertes,

Où l'on voit se glisser dans l'ombre un paquet blanc

(Cette ombre est une femme, esclave ou de haut rang),

Les autres sont remplies d'une foule compacte

Du verbe et de l'ouïe à peine faisant acte,

Et le silence est tel que, sûr, on entendrait

Une abeille, une mouche, en l'air qui passerait.

De gros pachas montés sur de riches cavales,

Qui dans le monde entier ne trouvent pas d'égales,

Traversent au galop la foule dont les rangs

A la voix des Saïs (2) aux longs vêtements blancs

(1) Le Bourghoz est un long voile épais qui cache la figure des femmes arabes ; au front il s'étend dans sa largeur d'une tempe à l'autre, retenu par un cordon chargé d'anneaux en cuivre qui va se perdre dans les cheveux ; puis il descend librement presque jusqu'à la taille, en laissant deux ouvertures rondes pour permettre aux yeux de voir à l'extérieur.

(2) Le saïs est un bel abyssin au jarret d'acier qui, tout vêtu de blanc, portant à la main un bâton de la longueur d'une canne à peu près, précède toujours chaque cavalier d'une dizaine de pas en prenant l'allure du cheval. Le mien faisait ainsi ses cinquante à soixante kilomètres en un jour, par le soleil le plus ardent, sans être fatigué. Dans les rues du Caire on entend de tous côtés ce cri de Ouarda ! (Prenez garde !) avertissant l'insouciant piéton d'avoir à se ranger.

Courant, criant : « Ouarda ! » s'écartent en silence.
Là, pas le moindre cri ! la moindre prévoyance !
L'on offenserait Dieu de paraître prudent.
Partout est la fraîcheur sous ce soleil ardent,
Partout la quiétude ; aussi l'indifférence :
Pour l'arabe la mort est une récompense.
Quand un musulman meurt, ses regards attendris
Voient le ciel tout rempli de charmantes houris
Lui venant à genoux apporter leurs tendresses.
Les hommes, vous voyez, partout sont vos altesses.
C'est justice d'ailleurs qu'en adorations
Toujours vous vous fondiez pour ces nobles lions,
Car l'homme est ici-bas, et vous devez le croire,
Le..... Mais je perds mon fil, continuons l'histoire.
Et c'était dans ce calme une voix qui chantait,
La voix du Muezzin (1), que chacun écoutait,
Du sommet des mosquées récitant la prière
Qu'on répétait aux champs et dans la ville entière.
Et c'était, fier et grave, un paisible chameau
Portant dans les maisons des outres pleines d'eau.
Et c'étaient dans les rues de grands trous où nichaient
Des troupes de chiens roux qui, hurlant, aboyaient.
Au visage inconnu d'un étranger passant,
D'un à l'autre quartier le suivaient glapissant.

(1) Le Muezzin est un prêtre de la religion musulmane qui le
soir, au coucher du soleil, monte au sommet de sa mosquée et crie
en se tournant vers les quatre points cardinaux : Dieu seul est
Dieu et Mohammed est son prophète. (Allah ilallah, oua Moham
med rasoul allah.)

C'étaient de l'Orient tous les brillants costumes.
Pour tout dire on ferait certes de gros volumes !
Là, des Califes morts les superbes tombeaux
Dont les vieux murs croulaient et tombaient en
[lambeaux.
C'étaient dans le lointain les grandes pyramides
Dont deux bédouins font monter les pas rapides ;
Derrière elles au loin des files de chameaux
Des pays de Nubie apportant les cadeaux.
C'était de Méhémet la splendide mosquée
En jaspe et marbre blanc, de minarets flanquée,
Dominant le désert et l'immense cité.
Aux rayons du soleil tout semblait velouté.
Le soleil d'Orient a des tons magnifiques,
Son or inonde tout de ses reflets magiques.

Enfin c'était le Nil, fleuve mystérieux ;
Comme un Dieu promenant son flot majestueux.
De superbes roseaux s'élançaient de ses rives
Et semblaient s'efforcer de retenir captives
Ses eaux couleur de sang qui bouillonnaient d'ardeur
De porter au désert la verdure et la fleur.
Sur son sein l'on voyait briller éblouissantes
Des barques bigarrées aux voilures puissantes ;
Assis au gouvernail, au teint noir ou bronzé,
Abyssin ou Fellah, et comme un sphinx posé,
Se tenait le pilote à la mine impassible.
Rien ne pouvait changer son visage paisible,
Et le ciel tout entier fût-il sur lui tombé

Que son front noble et fier ne se fût pas courbé.

Et sur les bords du Nil passaient en longues files,
Balançant leur long cou, sous leur charge dociles,
Qu'on appelle si bien les « Barques du désert, »
De grotesques chameaux au bel œil grand ouvert,
Semblant d'un air hautain mépriser la fatigue
Dont l'homme, le tyran, est envers lui prodigue.
Par intervalles courts chantait le chamelier
Son verset monotone et d'un ton régulier.

On entendait grincer l'arbre des sakiées (1),
Sur deux troncs de palmiers simplement appuyées,
Montant du fond des puits l'eau s'infiltrant du Nil
Qui répand les bienfaits de son limon subtil.
Le hideux buffle gris vers la terre se courbe
Et fait tourner les roues en décrivant sa courbe.
Et vous dirai-je encor ces groupes de palmiers
Élançant dans les airs leurs grands plumets altiers !
Poussant dans les jardins, poussant dans les masures,
De longs siècles cachant dans leurs écorces dures !
Les larges Catalpas et le fin Mimosa !

Grand Dieu ! Je m'aperçois que le nom de Niza
Point une fois encor n'a paru sur ma lèvre.
Ah ! je sens le remords qui me donne la fièvre !

(1) Les sakiées sont des norias à godets tout à fait primitives tournant sur une grande roue à dents de bois qui elle-même est mise en mouvement par un buffle ou un chameau. Elles montent l'eau du Nil pour inonder les jardins.

Chère Niza ! Pardonne au flot du souvenir,
Au passé quelquefois si doux est revenir !

Hélas ! J'habitais loin et du Nil et du Caire.
Dans les lacs, au désert, nous mangions la misère.
Je fus nommé d'abord du lac Menzaleh chef.
Dois-je vous en parler ? Allons, je serai bref.
J'habitais dix-huit mois une Dahabiée (1),
Grande barque du Nil que nous avait donnée
Le vice-roi Saïd. Là je couchais, mangeais,
Sous le ciel étoilé bien souvent je dormais,
Rêvant à tous ces cœurs que je laissais en France
Et nourrissant le mien de divine espérance.
Mon personnel était : le brave Dimitri,
C'était le cuisinier ; son marmiton Helri ;
Quatre ouvriers français ; pour ma petite barque
Deux grands et forts rameurs portant au front la
[marque
De leur pays natal, — ils étaient Abyssins, —
Ali et Mohammed, ayant solides reins.
Telle était au complet la noblesse de l'île.
Tout au loin travaillaient, rangés en longue file,
Des Fellahs en corvée au désert envoyés,
Et qui jusques aux reins étaient dans l'eau noyés.
Le service était dur, dure la solitude ;

(1) Les Dahabiées sont de grandes barques du Nil qui servent
d'habitation. La mienne avait sa chambre à coucher, son salon, sa
salle à manger et sa cuisine à fond de cale. C'est avec ces barques
que l'on remonte le Nil jusqu'à la première cataracte. Chaque
Pacha à sa Dahabiée.

Et pas une âme amie en cette multitude !
Si pourtant : mes raïs (1) étaient deux vieux amis.
J'aimais les voir vraiment, au gouvernail assis,
De leur bras vigoureux entraîner ma nacelle ;
J'admirais de leur front la coupe noble et belle.
O mes braves amis ! Je vous appelle ainsi
Sans regret ni sans honte. A le cœur endurci
Qui laisse dans l'oubli ses serviteurs fidèles !
De la Fidélité vous étiez les modèles.
O toi ! grand Mohammed, portant sur ton bras nu
Les armes du pays, dis ! qu'es-tu devenu ?
Dis ! que font maintenant tes épaules d'Hercule ?
Dis-moi dans quel pays l'ardent soleil te brûle ?
Et toi, mon brave Ali, d'un sourire si bon !
Des qualités du cœur Dieu t'avait fait le don.
Ton visage bronzé ! Tes deux rangs de dents blanches !
Tes paroles toujours si douces et si franches !
Ta jambe au nerf d'acier toujours prête à courir
Pour ton maitre ! De tout j'ai gardé souvenir.
Tous deux avez revu le foyer domestique
Amis ? vous n'avez pas souffert du sort inique ?
Ah ! vos femmes, bien sûr, fidèles dans leur cœur,
Ont dû pousser des cris de joie et de bonheur !
Vous avez retrouvé votre sainte famille,
Le frère avec la sœur et la mère et la fille !

(1) En Égypte, on appelle raïs les matelots qui sur les barques
du Nil tiennent le gouvernail.

Puis je quittai les lacs où les pélicans blancs,
Les sauvages canards et les roses flamands,
S'ébattaient sur les eaux, s'envolaient en nuages,
Pour aller au désert chercher d'autres images.

L'histoire de Niza bientôt va commencer.
Ah ! Je sens la gaieté dans mon cœur s'effacer !
Ton amour ne perdra, Niza, rien pour attendre,
Et tu verras pour toi combien mon cœur est tendre.

Je quittai Raz-el-Eich emmenant avec moi
Mes deux vieux serviteurs que j'aimais, sur ma foi.
La triste El Kantara, dans le ciel morne et plane,
Où de Jérusalem passe la caravane,
Puis, le seuil d'El Guisrh dominant le désert,
Qui montre son château toujours vide et désert,
Ne firent que passer ; je les laissai derrière
Se chauffant au soleil dans un flot de lumière,
Et vins planter ma tente à Ismaïliah,
Au centre du désert, au bord du lac Tiensah,
Qui du désert un jour devait être la reine.

Autour de moi du sable était l'immense plaine,
Et je menai la vie au libre bédouin
Si chère. Et dire, amies, certes pas n'est besoin,
Le noir que je broyai dans cette solitude.
De larmoyer, sachez, je n'ai pas l'habitude.

Du bédouin, l'on sait, le cheval est l'ami ;
Cet ami, la nuit, reste en plein air endormi

Et reprend sa vigueur aux rayons des étoiles.
Quand l'aurore au matin a soulevé ses voiles,
Pour lui du bédouin est le premier bonjour.
Sa femme n'est pour lui que secondaire amour.
Et dites-moi, vous prie, est-ce pas là justice ?
Un fier coursier de l'œil a droit à la prémice.
La jalousie au cœur et vous perce et vous mord ?
Puni soit votre orgueil ! je n'ai pas de remord.
Bref, d'avoir mon cheval j'eus une folle envie,
Et plus ardent désir jamais n'eus de ma vie,
Acheté de ma poche et qui ne fut qu'à moi,
Qui du désert immense allait me faire roi.
Le soir dans mon hamac je caressai mon rêve
Qui plus ne me laissa bientôt ni paix ni trève.
Il advint que c'était la foire de Tantah.
J'envoyai mon Ali, tout fier, qui m'acheta
Un jeune cheval noir marqué de taches grises,
Dont les naseaux des vents humaient toutes les brises.
La foire de Tantah ! dois-je vous en parler ?

Il me semble vraiment une voix m'appeler !
Sans doute c'est Nizal sa pauvre âme chagrine
Me suppose infidèle et pleure, j'imagine.
Mon Dieu ! les femmes sont bien les mêmes partout,
On a beau les aimer, leur esclave être en tout,
Jamais on ne les voit heureuses ni contentes.
Vraiment comme.... Mais non ! Elles sont trop char-
                                        [mantes !

O Niza ! tu le sais, au monde jamais rien
Ne ternira dans moi ton souvenir, crois bien.

Vous parler de Tantah est difficile affaire,
Car des choses il est que souvent on doit taire.
Enfin je vous dirai qu'elle a lieu tous les ans,
Des quatre coins d'Afrique attire les marchands :
Persans, Arabes, Turcs, races de cuivre ou noires,
Européens,.... enfin, la plus grande des foires.
Parler de cette foire est un point délicat,
Je ne sais plus vraiment que dire de Tantah,
Ni si je dois pleurer ou bien si je dois rire,
Tant c'est triste et navrant tout ce qu'on en peut dire.
Je l'allai visiter un jour, il m'en souvient,
Et suis tout pensif quand le souvenir m'en vient.
Enfin il me faut bien raconter mon histoire,
Pour venir à Niza sortir de cette foire.
Eh bien ! Je dirai donc qu'elle a lieu tous les ans,
De tous les points du monde attirant les marchands.
Ce qu'on vend à Tantah ? Ah ! retenez vos âmes !
L'on y vend des chevaux, et... l'on y vend des femmes !
Ce sont de beaux chevaux, des cavales pur sang,
Des ânesses ayant le poil sans tache et blanc.
Dans les femmes on voit tristes abyssiniennes
Au noble et beau profil, de belles Circassiennes
Au beau teint mat et blanc, à l'œil démesuré,
Brillant, d'un noir de jais, au regard assuré.
Le hideux marchand fait valoir sa marchandise
Et le pacha ventru la marchande et la prise.

Ah dites! tout ceci ne fait-il pas pitié?
De tout je ne vous dis certes pas la moitié;
C'est assez pour montrer la vile espèce humaine
Sans cœur et sans honneur quand le vice la mène;
C'est assez pour montrer que, la plupart du temps,
Les animaux des bois valent mieux que les gens.
La bête a des besoins qu'il lui faut satisfaire,
Mais tuer par plaisir aucune on ne voit guère.
L'homme a bien plus en lui tous les démons du mal.
Pour vous dire vrai, moi, j'aime mieux l'animal.

Certes je n'achetai, vous pouvez bien me croire,
Point de femme à Tantah; j'eusse eu l'âme bien noire!
Pour un instant pourtant, admettons qu'en ces lieux
J'eusse vu de pitié me fixer deux beaux yeux;
Mon âme du malheur se fut peut-être éprise
D'une de ces enfants, et pour femme l'eut prise.
Oui! j'eus cette pensée à mon esprit souvent;
Elle me poursuivait au désert quand, rêvant,
Je m'apitoyais sur le sort de ces esclaves,
Pauvres êtres sans Dieu, portant dans leurs yeux
                            [graves
Le sceau de la douleur, le suprême dédain.
Ils le savaient, se plaindre eut été certes vain.
Acheter une enfant au jeune et doux visage!
De la création lui dessiner l'image!
Lui montrer dans le monde un grand Dieu tout-
                            [puissant

A l'âme qui le prie aussitôt paraissant,
Et dans des temps futurs une meilleure vie
Où de parfait amour notre âme est assouvie !
Lui peindre la pudeur, l'apprendre à s'estimer !
Développer son cœur, le forcer à m'aimer !
Lui montrer les grandeurs de la belle nature,
Les beautés que Dieu mit en chaque créature,
L'intelligence, aux mains toujours pleines de fruits,
Reconstruisant les ponts que la haine a détruits,
Par l'amour unissant les peuplades humaines,
Répandant le bonheur de la montagne aux plaines !
Enfin la voir grandir et lui montrer un jour
Comme couronnement le pur et saint amour.
Mes rêves étaient vains. Hélas ! lorsque j'y pense
Entre ce peuple et nous la distance est immense.
A tous mes beaux discours elle n'eut compris rien.
Plus sûr et réfléchi, maintenant je sais bien
Qu'à chaque âme est besoin de beaucoup d'existences
Pour pouvoir s'élever à ces graves sentences.
Nous montons en vivant les degrés continus
D'une échelle sans fin, et les premiers venus
Sont déjà tout en haut quand à peine les autres
Gravissent le chemin tracé par leurs apôtres ;
Qu'en nos cœurs indignés ces ignobles vendeurs
Voient écrits nos mépris et tous leurs déshonneurs.
Esclaves malheureux ! que la douce espérance
Vienne dans votre cœur alléger la souffrance !

2.

Heureusement Niza, la belle aux grands yeux noirs,
Ne connut pas la mort de ces grands désespoirs.
Heureuse elle vécut dans sa belle patrie
Et par moi fut aimée avec idolâtrie ;
On le voit, certe, assez à toute cette ardeur
Que met mon cœur fidèle à chanter son malheur.

Revenons à Tantah ! Je le jure en mon âme,
Sur tout ce qui m'est cher, je n'achetai pas femme,
Mais un jeune cheval, tout plein de vive ardeur,
Qui dès ce jour fut mien et fit tout mon bonheur.
Son père était pur sang, de noble race anglaise,
Fournissait au désert une journée à l'aise.
La tribu de sa mère avait nom « Amadis »
Dont le cheik au désert était des plus hardis,
Et sa mère gagnait la gazelle à la course.
J'avais pour le payer jeté toute ma bourse.
Quand je l'aimai bientôt il n'eut plus de valeur,
Le vendre ou le donner m'eut arraché le cœur.
J'eus pour la belle bête une affection vive.
Comme avant de l'avoir j'avais l'âme captive !
Et l'immense horizon devant mes yeux ouvert
Contemplais tristement ! D'arpenter le désert
Je mourais de désir, mais je n'avais pas d'ailes
Et n'avais dans le cœur rien qu'angoisses cruelles.
C'était tout le meilleur de cet affreux Tantah.
Je lui fis son baptème et l'appelai : Choubrah.
Ce nom, me direz-vous, est bien peu poétique ,
Pour un cheval fougueux un peu trop pacifique.

Il faut vraiment bien peu d'imagination !
C'est comme qui dirait mouton pour un lion.
Éclair, tempête ou vent, ou bien encore tonnerre,
Nous semble, en ce baptême, eut bien mieux fait
                                        [l'affaire.
C'est que je ne pouvais, voyez-vous, hésiter.
C'est une histoire encor qu'il faut vous raconter.

Niza ! n'attriste pas ta brillante prunelle !
Ah ! ton image en moi jamais ne fut plus belle,
Ni jamais mon amour, jamais ton souvenir,
Plus ardents. Si je mens ! Dieu veuille me punir.

Quand j'étais au désert, un cher ami d'enfance
Vint un jour m'apporter des nouvelles de France :
« J'arrive pour te voir, je suis au Caire, viens !
« Et lettres et baisers j'en ai de tous les tiens. »
J'enfourchai ma conquête et partis ventre à terre
Pour aller le trouver et l'embrasser au Caire.
Ensemble à nous aimer nous passâmes huit jours,
Nous racontant nos vies, nous contant nos amours,
Visitant les palais, parcourant les mosquées,
Ou regardant danser les Almées démasquées.
Sur de jolis baudets poussés par leurs âniers
Nous courions en tous lieux et pour quelques deniers.
Niza permettra bien que, dans deux ou trois lignes,
De ces jolis baudets je marque tous les signes.
Ces petits animaux sont si fins, si bien faits,
Que l'on n'en vit jamais de mieux ni plus parfaits ;
Non, jamais corps mieux pris, jamais jambe plus fine,

Jamais tête plus drôle offrant pareille mine !
Des oreilles sans fin, un œil vif et narquois ;
Ajoutez à cela le timbre d'une voix
Qu'on entendait parfois à tous les coins de rues
Et qui vous paraissait tomber du haut des nues ;
Sur le dos une selle en rouge maroquin,
Une bride pour mettre à leur ardeur un frein,
Et vous aurez, amies, un portrait bien fidèle
De cet être entêté qui toujours de modèle
A servi dès longtemps, même aux âges anciens,
A peindre la paresse à tous les grands vauriens.
Ces petits ânes sont les omnibus du Caire.
Vous saurez que les Turcs à pied ne marchent guère ;
Sur leur âne montés on les voit sérieux
Lentement chevaucher, les jeunes et les vieux.
Un turc jamais ne rit, ni jamais ne déroge,
Et son orgueil est bien le plus digne d'éloge.
Mais nous, Européens, ne courions jamais trop
Et nos ânes allaient toujours au grand galop.
Ces petits ânes-là ont du sang dans les veines,
Et, vifs comme cabris, souvent font des fredaines.
On les voit, bondissant ou bien levant le train,
Leur tyran mettre à bas par un seul coup de rein.
Mais voyez l'homme encor ! Que son cœur est sensible !
L'ânier pour l'exciter et le rendre irascible
Au fer rouge une plaie au bas des reins lui fait,
Et sur tout âne au dos cette plaie apparait,
Et le tout jeune ânier, enfant tout en guenille,
Le pique et le harcelle ; il a comme une aiguille

Faite d'un bois pointu pour déchirer les chairs,
Et du « Ouarda ! » sa voix fait retentir les airs.
Georges et moi, tous deux, (l'un à l'autre était frère)
On nous vit parcourir tous les recoins du Caire.
Nous livrions le jour nos membres au sommeil,
Quand trop ardents brûlaient les rayons du soleil.
Les palais, les mosquées, la belle Esbékiée (1),
Cafés, bazars, tombeaux, forêt pétrifiée,
Et les champs inondés par l'eau du Nil couverts,
La pyramide au loin perçant dans les déserts,
Des derviches hurleurs les rondes fanatiques,
Les fumeurs de Chibouk au devant des boutiques,
Nous vîmes tout ensemble ; enfin, le palais de
[Choubrah,
Splendide et merveilleux ! véritable Allambrah !
Servant à l'héritier de royale demeure.
C'était le dernier jour, car avait sonné l'heure
De séparation et des tristes adieux.
Nous visitâmes donc le palais en tous lieux,
Et la salle des bains en marbre blanc et rose,
Où vous éblouit l'or, où la richesse impose ;
Le sérail ou prison des femmes du Sultan ;
Les jardins où croissaient les cèdres du Liban,

(1) L'Esbékiée est la grande promenade du Caire ; c'est une grande et belle route plantée de sycomores et de platanes, de chaque côté de laquelle se trouvent les riches villas de pachas. Le Nil coule à côté. A l'heure de la promenade on y voit passer les coupés des sultanes, derrière lesquels suivent les eunuques à cheval.

Et de superbes fleurs, des bouquets magnifiques,
Et de beaux jardiniers aux figures antiques.
Ah! que de trésors là se trouvaient enfouis!
Mes yeux de bédouin se fermaient éblouis!
Et c'est en souvenir de ce jour mémorable
Que mon cheval reçut son baptême honorable.
Je l'appelai Choubrah. C'est ainsi que payé
Fut par ce souvenir mon compte à l'amitié.

Au sein du grand désert comme l'air je suis libre!
En moi la liberté fait tressaillir sa fibre!
Et nous voilà tous deux faisant nos propres lois,
Mon beau cheval et moi, plus heureux que des rois.
Salut mon beau désert! Salut liberté sainte,
Qui n'engendre jamais ni mensonge ni crainte!
Sur ton manteau doré, ah! pourquoi n'ai-je pas
Vécu tous mes instants jusqu'au jour du trépas!
L'Europe et le bien-être engendrent la mollesse
Et donnent à notre âme une indigne faiblesse.
Les murs dans les cités arrêtent les regards
Et l'on ne voit plus Dieu qu'à travers des brouillards.
L'âme ne pouvant plus s'envoler dans l'immense
A la grandeur de Dieu ne s'élève ni pense;
Elle s'enferme et vit sous un dôme de plomb,
Et par simple habitude on fait courber son front.
Ils renferment, ces murs, l'orgueil et la sottise,
Et l'égoïsme avec le luxe rivalise.
Là c'est la peur qui règne et là c'est l'assassin;
A la porte du riche un pauvre affre de faim

Et sa voix, vomissant l'inutile colère,
Ne sait plus élever son cœur à la prière ;
Et là c'est un marchand qui s'apprend à voler,
Dont le cœur ne s'émeut que lorsqu'il voit briller
Ce Dieu qui de tout mal est l'unique mobile :
L'or, qui dessèche l'âme et la rend dure ou vile ;
Et là montre son front l'hypocrite menteur.
Enfin l'on n'y comprend ni la foi ni l'honneur.
Salut mes beaux déserts ! Salut liberté sainte !
Vous portez du bonheur la digne et noble empreinte.
La privation rend le cœur religieux
Et la souffrance force à regarder aux cieux.
Dieu fit pour les héros la souffrance et l'épreuve.
Je voudrais pour souffrir que plus rien ne m'émeuve,
Ni que soit vu mon front par la plainte avili !

Salut ciel et désert ! O Mohammed ! Ali !
Avez-vous retrouvé votre chère famille ?
Pourvu qu'en ces contrées un vil marchand qui pille,
De ceux qui vont chez vous faire des razzia,
N'ait pas sali du pied vos forêts d'acacia
Et de son doigt souillé celles qui vous sont chères !
Pour ces êtres aimés, versant larmes amères,
Vous prîtes le bâton, celui des pèlerins,
Et, sac au dos, pieds nus, la corde autour des reins,
Pendant des mois entiers dans les brûlantes plaines
Qui vont de la Nubie aux rives égyptiennes,
Le désert s'imprégna des traces de vos pieds.
En notre loyauté confiants vous veniez

Au trou cyclopéen que perforait la France
Prêter vos bras d'acier et votre intelligence.
Vous rappelez-vous qui vous prit et vous reçut?
Vieux amis du désert, à tous les deux salut !
Bien sûr vous n'avez point oublié votre maître.
Jamais fier ou hautain le vîtes-vous paraître?
Il aimait votre calme et votre dignité
Et votre honneur par lui toujours fut respecté.
A-t-il raillé jamais ni troublé vos prières,
Quand, le soleil levant apportant ses lumières,
De votre épaule ôtant vos noirs et blancs manteaux,
Vous étendiez l'Abaye (1) en poils de vos chameaux,
Et ployant vos genoux, et tournant vers la Mecque
Votre visage ardent avec sa ligne grecque,
Vous adressiez à Dieu l'hommage de vos cœurs,
Le priant saintement de bénir vos labeurs.
C'était tous les matins, quand le char de l'aurore
Rend brillant chaque atome et l'anime et le dore;
Et c'était tous les soirs, lorsque disparaissant
Le soleil à nos yeux s'enfuit éblouissant.
La résignation montrait sur vous ses signes.
Que vos fronts étaient beaux ! et que vous étiez
[dignes
Au divin créateur, qui vous fit vos douleurs,
Qui vous fit vos amours, offrant ainsi vos cœurs !

(1) L'abaye est un sac ouvert des deux bouts ; sur les côtés
sont deux trous pour laisser passage aux bras. Elle retombe
jusqu'au mollet. L'Arabe la met sur sa chemise la nuit et dort de-
dans. Il l'étend sur le sable et s'y agenouille pour faire sa prière
matin et soir.

Et Dieu vous envoyait de sa grâce divine,
Et la foi rayonnait sur votre grave mine.
Ah! la prière simple ainsi sortant de vous
Devait porter à Dieu un encens pur et doux !
Prières du désert ! ardentes et naïves,
Qui coulaient de leurs cœurs comme de sources vives,
Faites dans un silence ample et majestueux,
Au lever de l'aurore, au beau réveil des cieux !
O prières du soir ! où notre âme s'embrase
Aux derniers rayons d'or et s'enivre en extase
Devant l'astre du jour qui baise en s'enfuyant,
Chaque nuée offrant son beau front rougissant !
Ah ! vous devez monter de pureté puissantes,
Et vous devez donner des douceurs enivrantes !
Le souvenir n'est point dans vos cœurs endormi.
Non, non ! vous n'avez point oublié votre ami.

J'étais un grand Moudir (1) et j'avais des corvées
Donnant pour le canal par mois trente journées.
Le jour on travaillait à l'ardeur du soleil
Et les chantiers criaient dès son premier réveil ;
Sur les plans inclinés s'élevait la brouette
Qu'entraînaient les deux bras d'un vigoureux athlète.
La nuit d'autres corvées aux feux des méchallahs (2)

(1) Les arabes appellent Moudir un chef de haut rang.
(2) Les méchallahs sont de grandes corbeilles en fils de fer portées sur un pieu que l'on fiche en terre ; on les remplit de bois résineux que l'on allume pour travailler pendant la nuit. Au Canal de Suez, 20,000 arabes travaillant à la clarté des méchallahs, dans une tranchée de 30 mètres de profondeur, offraient un spectacle féerique.

En chantant s'excitaient. On voyait des Fellahs (1)
De tous les points connus de la plaine égyptienne.
Partant une corvée une autre il fallait vienne,
Et moi-même j'allais près des chefs de tribus
Chercher et réclamer les bras qui m'étaient dûs.
Nous partions tous les trois à pied, ouvrant la
[marche,
Ali vêtu de blanc; puis moi, vrai patriarche,
Sur les flancs de Choubrah serrant mes étriers.
Et dans l'air bondissaient mes deux beaux lévriers,
L'un noir et l'autre blanc, ayant nom Spitz et Flore,
Au joli museau fin, s'ébattant dès l'aurore.
Mon Spitz suivait toujours la trace de mes pas,
Et son œil devinait un signe de mon bras,
Et d'un ami parfait il remplissait le rôle.
Souvent il se dressait, mettait sur mon épaule
Ses pattes et son nez, frottait de son museau
Mes cheveux et mon cou. Son regard était beau;
Au soleil reluisait sa belle robe blanche;
Son cœur était aimant, son allure était franche.
Mais Flore était craintive; avec son poil tout noir
Pour un démon mauvais on l'eut prise le soir.
Toujours elle fuyait, véritable sauvage,
Et d'un sujet sans cœur elle était bien l'image.
Tous deux suivaient Choubrah. Le cheik des Amadis (2)
M'avait pris d'amitié. Nous devînmes amis,

(1) Les Fellahs sont des arabes chargés de cultiver la terre
couverte du limon du Nil.
(2) Le chef d'une tribu s'appelle cheik.

Et bientôt chaque mois je lui fis ma visite.
De sa plus belle tente il avait fait mon gite ;
Dans sa verte oasis lui-même il la posa.
Souvenirs enivrants ! Sa fille était Niza.
Bientôt j'aimais d'amour la belle créature
Et je ne vis plus qu'elle, éclairant la nature.
Quand arrivant, de loin, sa chemise de lin
Qui frémissait au vent, son beau port féminin
Si svelte et fier et digne, et sa noire prunelle
Que savait velouter la belle jouvencelle,
Et son beau bras bruni, et son pied nu cambré,
Passaient devant mes yeux, ah ! j'étais enivré.
Des rayons du soleil mon âme était jalouse,
Je la prenais vraiment pour sa divine épouse.

Bien vite elle sentit qu'elle avait dans mon cœur
Du flambeau de l'amour fait naître la lueur,
Car dans tous les pays les Èves tentatrices
Bouleversent les cœurs au gré de leurs caprices.
Mon esclave elle fut ; et les tentations
De ses beaux yeux charmants, et les émotions
Qui remplissaient mon cœur lorsque levant son voile,
O suprême faveur ! comme au ciel une étoile,
Ce front charmant montrait son teint éblouissant....
A raconter me sens tout à fait impuissant !
Nous brûlâmes tous deux de l'amour la plus belle,
J'eusse voulu passer tous mes jours auprès d'elle.
Longues étaient les nuits et trop fuyants les jours !
A regret le soleil éclairait nos amours.

Tous les mois pour la voir brûlant l'ardente plaine,
Avec Choubrah fumant, Ali au front d'ébène,
Mon cœur, restant fidèle à son serment secret,
Apportait à Niza son hommage discret.
La nuit traînait encore son grand troupeau d'étoiles,
Encor dormait l'aurore en rêvant dans ses voiles,
Que bien loin nous étions de notre campement !
La jument de Choubrah de son hennissement
Seule rompait le calme au milieu du silence ;
Et s'attristait Choubrah des chagrins de l'absence.
Et tout un jour entier, dans l'immense désert,
Retentissaient nos pas. Le visage couvert
D'une fine couffie, étoffe en or et soie
Que l'on fait en Syrie, où sa figure on noie
Pour la mettre à l'abri contre l'ardent soleil,
Quand en poils de chameau un cordon d'or pareil,
Formé de fils de soie et de laine commune,
Dont l'or fait ressortir la couleur noire ou brune,
S'enroule autour du front en faisant deux contours
(A peine pour les yeux on ménage deux jours),
Nous foulions de nos pas le grand désert sans bornes.
En sifflant l'on voyait les vipères à cornes
A notre approche fuir à travers les buissons ;
Leur morsure est mortelle, après quelques frissons
Subitement on meurt d'une simple piqûre,
Et, comme un charbon noir apparaît la figure.
Sur les buissons on voit le lent Caméléon
Roulant ses grands yeux ronds. Plus loin le Scorpion,
Courbant son dard en l'air dès qu'on touchait la pierre

De son abri, courait de l'avant, de l'arrière,
Cherchant à qui jeter le venin de son dard.
Et puis un loup passait ou filait un renard ;
Un lièvre encor baissant ses deux grandes oreilles ;
Enfin, belles à voir ! ces charmantes merveilles
Se levant deux par deux sur leurs jarrets d'acier,
Sautant et bondissant, qu'un rien peut effrayer,
Qu'on aimerait d'amour tant sont douces et belles,
Ravissants animaux ! de charmantes gazelles.
Leur couleur est or pâle, et des poils fins d'argent
De tout leur ventre blanc fait un tapis charmant ;
De jolis sabots noirs ornent leurs jambes fines
Et presque on voit vibrer leurs artères sanguines ;
Un petit museau fin, comme du charbon noir,
Humide et parfumé, et que l'on pouvait voir
Humant la terre et l'air de ses fines narines
Divinement posé sur les herbes voisines,
Avec deux yeux brillants comme des diamants,
Et des oreilles qui parlaient avec les vents,
Et deux cornes enfin si finement tournées
Que Dieu seul, on voyait, les avait dessinées.
Ce gracieux museau semblait à lui tout seul
Comme un être isolé : un petit épagneul
Couché pour la garder auprès de sa maîtresse,
Prêt, au moindre danger, de sa voix en détresse
A demander à Dieu de sa protection
Le secours et l'appui. De la création
La bête charmante est la plus inoffensive ;
On demande comment il se peut qu'elle y vive.

Ah ! je vous jure, amies, qu'il n'y a sous les cieux
Rien d'aussi doux ni bon que leurs ravissants yeux.
Si gracieuses sont ! si douces et si belles !
Enfin que ce qu'on a, c'est de l'amour pour elles.

Quand je ferme les yeux et regarde en mon cœur
Et que du souvenir scintille la lueur,
J'aperçois de Niza les brillantes prunelles.
Ses grands yeux étaient beaux comme ceux des
[gazelles,
Quand au pas de Choubrah je les voyais bondir
Avec elles mon cœur aurait voulu courir.
Et nous continuions notre course en silence,
Comme religieux dans ce désert immense.
Et quand nous arrivions le jour, à son déclin,
Fatigué suivait l'astre au bel et riche écrin
Qui de rubis perlait la plaine veloutée.
Quand mon œil, atteignant sa plus longue portée,
Voyait les arbres verts de la belle Oasis
Où comme un roi régnait le cheik des Amadis,
Que de hennissements sortant comme en rafales
Mon Choubrah saluait du pays les cavales,
Bientôt j'apercevais un long vêtement blanc
Et sentais dans mon cœur s'agiter tout mon sang.
C'est que..... c'était Niza, la belle ! la charmante !
Qui, de loin me voyant, se montrait souriante.
Je vous l'ai déjà dit, nous nous aimions d'amour,
Et nos yeux devant tous le disaient sans détour.
Oui, Niza m'attendait d'une anxieuse attente,

Et lorsque j'arrivais aux portes de la tente,
Elle embrassait Choubrah, le flattait de la main,
Et sur moi son regard, de joie et d'aise plein,
S'arrêtait radieux. Il me semblait tout dire
Ce ravissant regard, et jetait en délire
Tout ce que dans mon cœur je possédais d'orgueil.
Oh ! jamais n'oublierai cet enivrant accueil !
Et mes deux lévriers bondissants, Spitz et Flore,
De leurs langues en feu et que la soif dévore,
Léchaient ses beaux pieds nus, car les animaux ont
Des âmes comme nous, savent sur notre front
Deviner la pensée, et les chiens pour nous plaire
Aiment qui nous aimons ; à nos cœurs la plus chère
Bientôt devient pour eux l'objet d'un tendre amour.
Et moi, voyant Niza, pour lui dire bonjour
Je portais ma main droite à mon cœur, à ma bouche,
A mon front, lentement (1). O souvenir qui touche !
Dans ses fibres je sens tressaillir tout mon cœur.
De Niza les beaux yeux s'emplissaient de bonheur.
Dans eux je ne sais quoi me paraissait céleste
Et rendait son penchant pour moi bien manifeste,
Et quand je rencontrais son regard satiné,
Tout mon cœur se sentait ému, passionné.
C'est que dans notre amour quelque chose d'étrange

(1) C'est le salut arabe, un peu plus beau, vous l'avouerez, que celui des pays dits civilisés. « A toi tout ce qui nait dans mon cœur, tout ce qui s'échappe de mes lèvres, tout ce que met au monde ma pensée. »

Faisait de nos pensées un singulier mélange ;
C'était en même temps l'assurance et la peur ;
Notre amour était fait de joie et de douleur,
Car c'était s'embrassant et l'Europe et l'Afrique
Que Dieu voulait unir par cette amour magique.
Un cœur léger de France adorant un désert,
Pour oasis ayant un beau cœur grand ouvert !
Car la pauvre Niza était tout ignorance,
Ce qu'elle aimait en moi c'était l'intelligence.
Certes sa taille était d'un bel et noble port
Et pour une déesse on l'eut prise à l'abord,
Mais les dons de l'esprit son âme n'avait guère ;
Elle avait un grand cœur pour aimer et pour plaire.
Et son cœur était bien dans toute la tribu
Le plus beau, le meilleur. De préjugés imbu,
Bien à tort notre orgueil et croit et s'imagine
Que le créateur a de sa grâce divine
Uniquement fait don à notre âme, à nos cœurs ;
Que les bédouins n'ont aucun de ces bonheurs
Qui s'agitent en nous et font vibrer nos âmes,
Et qu'enfin de l'amour ils ignorent les flammes.
Ah ! l'amour est plus grand au cœur du bédouin,
Car d'élever son cœur Dieu seul a pris le soin,
Son âme loin du bruit médite dans l'étude
Et plus saint fait l'amour la grande solitude,
Et plus beau le courage au mépris du danger,
Plus forte la prière qui vous vient soulager.
Niza m'avait donné son âme tout entière,
De cet amour la mienne en était toute fière.

Attentive à mon geste et dans mes yeux lisant
L'objet de mon envie, aussitôt, rougissant,
Elle volait pour moi, puis revenait joyeuse
Et m'offrait mon désir de sa main gracieuse.
Et toujours elle avait l'air souriant et bon.
C'était sur mon chibouk (1) l'incandescent charbon
Qu'à genoux devant moi posait sa main charmante
Et dont elle suivait la spirale tournante;
Ou c'était de ses doigts la tasse de Moka
Qu'elle-même au foyer de sa main fabriqua.
Elle me l'apportait en marchant d'un pas grave.
En un mot son amour la faisait mon esclave,
Et pour me plaire enfin il n'était vraiment rien
Qu'elle n'eût fait pour moi sous le ciel Égyptien.
O ma fidèle amante ! O ma Niza chérie !
Je sens mon cœur qui pleure et mon âme qui prie
A ces doux souvenirs, à ces charmants tableaux
Qui me font te revoir ! et tes chers yeux si beaux
Sont des globes de feu brillant dans ma nuit noire !
En France, ah ! c'est bien sûr, on aura peine à croire
A ce que jamais fut un amour si parfait.

(1) Le chibouk est la pipe arabe. Elle est formée d'un fourneau, qui pose à terre, auquel vient s'adapter un long tube en jasmin souvent garni d'or et de rubis ; à chaque instant les femmes du pacha, froidement assis sur son long divan, les jambes croisées sous lui, viennent le charger du beau tabac blond de l'orient qui répand en brûlant des senteurs odoriférantes, et l'allument avec un charbon ardent en aspirant la fumée de leurs lèvres pour le présenter ensuite à leur seigneur et maître.

Mais comment raconter maintenant mon forfait ?

. . . .

. . . .

. . . .

Un jour un cavalier sur une jument grise
Qu'un mors d'acier brisé tient à peine et maîtrise
Et dont on admirait les deux naseaux fumants,
Pendant que ses longs crins tendus flottaient aux vents
Arriva dans mon camp. Grave sur son visage
Il me tendit sa main qui portait un message
Du père de Niza. Cet ami m'invitait
A la fantasia par laquelle on fêtait
Chaque an dans l'oasis le grand anniversaire
Du sacré jour où vint au monde son vieux père.
Le premier jour passait en courses de chevaux ;
Ou bien les bédouins, debout sur leurs chameaux
Lancés à fond de train, jouaient avec la lance
Séparant en deux camps l'attaque et la défense.
On les voyait jeter leurs fusils dans les airs,
Les rattraper, s'enfuir au milieu des éclairs.
Le second jour était pour la chasse cruelle ;
C'était un jour de mort pour la pauvre gazelle.
Chacun dès l'aube avait les pieds aux étriers
Et l'on partait ayant faucons et lévriers.

L'invitation fut par moi vite acceptée.
Le cheik avait écrit : « Votre tente est montée ;
« De Niza ce sera le plus beau de ses jours,
« Car c'est celui qui doit consacrer ses amours. »

Je ne comprenais pas ce qu'était ce langage
Ni ce qu'à faire avait Niza dans ce voyage,
Je savais que j'étais tout heureux de la voir
Et que de l'amitié je suivais le devoir.

Je partis et je fus au rendez-vous fidèle.
Jamais je n'avais vu Niza vraiment si belle !
Elle avait tant d'amour et tant d'attentions
Qu'embarrassé j'étais de mes émotions.
Nous partîmes enfin pour chasser la gazelle.
A contre-cœur je fis cette chasse cruelle.
La gazelle est un plat vraiment si délicat
Qu'on n'en peut oublier le goût ni l'odorat.
Mon ami me prêta sa plus belle cavale,
Amante de la poudre et du bruit de la balle.
Elle-même Niza me tendit l'étrier,
Et pour baiser mon pied je la vis se plier.
Quel air ! me dis-je en moi ; c'est extraordinaire !
Tout avec tant d'ardeur jamais ne la vis faire !
Et son œil est brillant et sévère est son front,
Dans ce cœur-là vraiment la douleur est au fond.
Mon âme tout à coup devint toute craintive,
A regarder Niza se fit tout attentive.
Ah ! superbe elle était aux premiers feux du jour !
Et tout mon cœur fut pris du plus ardent amour.
Pour la première fois je fixai sa prunelle.
Elle devint alors admirablement belle.
Nous fûmes pris tous deux d'une grande douleur,
On entendait dans l'air les ailes du malheur,

Et je vis dans ses yeux couler deux grosses larmes,
Et dans moi je sentis de mortelles alarmes.
Je ne pouvais mes yeux de son front détacher
Et les siens m'évitaient au lieu de me chercher.
Je me sentis ému d'une étreinte mortelle ;
Je m'eusse fait tuer pour avoir un mot d'elle !
Enfonçant l'éperon je lui jette un baiser,
Et la vois sous mes yeux mourante s'affaisser.

Ah ! ce jour-là mon cœur eut toutes les souffrances
Et du matin au soir traîna ses défaillances.
Il me fallait du cheik accepter les honneurs
Et du chasseur ardent partager les fureurs.
Ah ! que l'espèce humaine en tous lieux est cruelle !
Que navré je courais la tremblante gazelle
Qu'on voyait s'efforcer par bonds et par élans
D'éloigner les chasseurs du gîte de ses faons !
Nous revînmes le soir au pas de nos cavales
Et juste trop souvent avaient porté nos balles.
Mon cœur, mon pauvre cœur partout chercha Niza,
Et ne la voyant pas s'émut et s'attrista.
C'était la seule fois qu'elle fut infidèle.
Mon cœur en ressentit une angoisse mortelle.
Pas le moindre recoin n'échappait à mes yeux ;
Tout mon être fut pris d'un malaise fiévreux.

Cependant il fallait assister à la fête ;
Tous les chefs étaient là, et la table était prête.
Sur le sable étendus, les plus riches tapis
Étalaient leurs couleurs. Les mets les plus exquis

Laissaient voir un fumet d'une finesse extrême,
Et je vis s'avancer mon vieil ami lui-même
Qui, d'un air grave et fier, en tout digne toujours,
M'invitait à venir, d'une voix sans détours.
Je portai ma main droite à mon cœur, à ma bouche,
A mon front, lentement; puis bientôt je me couche
A la droite du cheik sur un tapis d'honneur.
C'était m'accorder là sa plus grande faveur.
Mais du plus noir souci j'avais l'âme si pleine
Que mes jambes en croix me soutenaient à peine;
Mon coude nonchalant courant sur le tapis,
Fiévreux, trop agité, n'y trouvait pas d'appuis.
Niza! ô ma Niza! dis! qu'es-tu devenue?
Eh quoi! pas un seul mot, souhait de bienvenue?
Quoi donc! après d'amour avoir empli mon cœur
Tu m'abandonnes seul à mon triste malheur!
Et nos chères amours qui devenaient si belles,
Niza! qu'en as-tu fait? Maintenant où sont elles?
Quoi? tu m'aimes! et tant tu viens jeter de mort
Dans mon âme troublée! As-tu pas de remord?
De quoi me punit donc cette atroce souffrance?
O Niza! viens me rendre un moment d'espérance.
Et répétait mon cœur le doux nom de Niza.
Quelle immense douleur ce jour-là me brisa!

Le cheik était pour moi d'attention charmante,
Ne paraissant pas voir mon anxieuse attente;
La satisfaction était peinte en ses yeux,
Quand il me regardait, il était radieux.

Jamais non plus ainsi je n'avais vu cet homme ;
J'en devins tout surpris, ah ! vous ne sauriez comme
Il mettait de l'orgueil à me servir ses plats !
Jamais je n'en mangeai, vrai, d'aussi délicats !
Mais mon âme était trop, ce soir, endolorie
Et ne pouvait penser qu'à sa Niza chérie,
Et tout en dégustant je lui parlais tout bas.
Mon amour augmenta tout le temps du repas.
Mon appétit s'accrut et devint frénésie,
Du démon de la faim ma langue fut saisie,
Et je trouvais ces mets si fins, délicieux !
Que je mangeais toujours, grave et silencieux.
Malgré moi je sentais (ah ! la faim c'est si traître !)
S'infuser dans mon moi le plus parfait bien-être,
Et tout-à-l'heure autant et triste et sérieux
J'étais, autant, vraiment, je devenais joyeux.
Le cheik, ce vieil ami, n'était que prévenances,
Et ses grands yeux brillaient de toutes les nuances ;
Jamais je n'avais vu si singulier éclat ;
Quand on le flatte, ainsi, miroitent ceux d'un chat.
Tout cela, vous pensez, mène à la confidence ;
Et je sentis mon cœur tout plein de confiance.
O Niza ! m'écriai-je, on ne t'entend ni voit !
Montre, ne fut-ce, hélas ! que le bout de ton doigt !
Sur lui je vis errer le plus charmant sourire,
Heureux il paraissait plus que ne pourrais dire !
Un je ne sais trop quoi semblait l'illuminer.
Je ne pouvais dans tout ceci rien deviner.
De rire j'étouffais d'une scène pareille,

Lorsque, d'un air charmant, approchant mon oreille :
« Niza ? Elle t'aimait d'un amour peu commun….
« Tu viens de la manger, vous ne faites plus qu'un. »

Ainsi qu'on voit bondir une chèvre blessée
En laissant de son sang une trace glacée,
Ainsi sur son tapis bondit comme un ressort
Tout mon corps, où ces mots avaient jeté la mort,
Et, sautant sur Choubrah, d'une course insensée
L'on me vit en fuyant étouffer ma pensée.
Bientôt je fus perdu dans l'immense désert,
Et la douleur chantait un immense concert.
Au lendemain, le soir, je me vis sur le sable,
Et le cœur me faisait un mal épouvantable.
Choubrah me regardait et mes deux lévriers
Me fixaient de leurs yeux en me léchant les pieds.
O Niza ! m'écriai-je, ô trop divine amie !
Te voilà pour toujours dans la tombe endormie.
O trop pesante vie ! O sort trois fois cruel,
Venge-toi jusqu'au bout et me fais immortel !
Le désert entendit toute la nuit mes plaintes ;
La douleur jamais n'eut plus poignantes étreintes.
Pour oreiller prenant le tronc d'un mimosa
Je restai là des nuits à pleurer ma Niza.
« Ah ! pourquoi donc, ô Mort ! me couvrant de tes voiles,
« Ne fais-tu mon tombeau sous ce beau toit d'étoiles !
« Je jure devant Dieu de vivre sans amours,
« A penser à Niza de passer tous mes jours ! »
Je me souviens, mon âme était tout en délire.

Alors un rayon d'or, dans Alpha de la Lyre (1)
Se détachant soudain, vint sur moi se poser.
Je tressaillis ! Niza m'envoyait un baiser.

Toutes mes amours sont dans Alpha de la Lyre.
On me voit bien souvent qui pleure et qui soupire.
Je promène mon cœur dans les cieux étoilés
Et sais bien de Niza trouver les yeux voilés,
Et, bien que séparés, nous vivons l'un pour l'autre.
Le monde de Niza n'est pas semblable au nôtre ;
Sa planète appartient à bien plus beau soleil ;
A tout ce qu'on y voit rien n'est ici pareil.
Moi seul ici je souffre. Elle, Niza ! heureuse,
Sous des cieux plus cléments son âme est radieuse,
Car Dieu récompensa son pur et saint amour
En lui donnant Véga pour céleste séjour.
C'est dans Véga que vont les âmes supérieures
Que le saint amour a fait devenir meilleures.
Et bien que dans Véga des hommes grands et beaux
Accablent ma Niza de superbes cadeaux,
Qui, pris d'amour pour elle, admirant sa belle âme,
Déposent à ses pieds l'encens pur de leur flamme,
Fidèle, ma Niza veut me garder son cœur.
Partout de son regard me suivre est son bonheur.
Mon âme à tout instant vers elle est attirée
Et chaque jour se sent moins d'elle séparée,

(1) La Lyre est une des constellations du ciel située dans les
environs de la Grande-Ourse. Son étoile la plus brillante, qui est
de première grandeur, s'appelle Alpha. On l'appelle aussi Véga.

Et dans moi se produit un effet singulier
Qui prouve que plus rien ne peut nous délier :
Si dans un triste jour j'ai mangé sa matière,
Elle attire à son tour mon âme tout entière.

Ici plus ne m'est rien. Je suis tout à Niza
Qui, tant ! d'amour m'aima, puis se sacrifia ;
Et j'attends de mourir avec impatience ;
Pour ne pas me tuer je me fais violence.
O mes derniers moments ! dites, quand viendrez-vous ?
O tourments de la mort ! que vous me serez doux !

Niza, j'avoue, avait un bien singulier père ;
Pour sa fille il parait d'amour n'avoir eu guère.
C'est que chaque pays, voyez-vous, a ses mœurs :
Ce qui mal est chez nous très-bien se trouve ailleurs.
On devient indulgent en ces lointains voyages.
La tribu de ce cheik était d'Anthropophages,
Et là, quand une fille aime un jeune étranger,
Son devoir est par lui de se faire manger.
Tout cela prouve bien qu'on est absurde en France
De croire être parfait. N'eusse point eu la chance
Ici d'être aimé tant ni de telle façon.
En France l'amour n'est guère plus de saison.
Dans le désert l'amour va jusqu'au sacrifice,
Et jamais trop amer n'est le fond du calice.
D'ailleurs le Bédouin a le cœur grand et fort
Et met tout son orgueil à mépriser la mort.
Son cœur est jusqu'au bord tout rempli d'espérance,

Étant bondé de foi son courage est immense ;
Il sait que notre âme est plus libre dans les cieux.
La mort touche à regret son beau front radieux.

Aimez-bien ma Niza, mes petites amies.
Que vos tristesses soient par son âme endormies.
Qu'un Niza masculin plein de courage et doux
Mette tout son bonheur à trépasser pour vous !

Batz, 8 et 9 septembre 1877.

Tours, imp. JULIOT. —· Paris, Décembre, rue Dombasle, 54.

TOURS

IMP. ET LITH. JULIOT

Rue Royale, 53

PARIS

DÉCEMBRE-ALONNIER

Rue Dombasle, 54